REMARQUES

SUR

LE THEATRE HISTORIQUE.

Pour l'an 400 de l'Ere Chrétienne.

Par GUILLAUME DE L'ISLE, *Geographe, de l'Academie Royale des Sciences.*

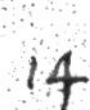

MDCCV.

REMARQUES SUR LE THEATRE *Historique pour l'an 400 de l'Ere Chrétienne.*

CETTE Carte doit être accompagnée de quelques autres, qui serviront toutes ensemble à faire voir l'état du monde connu dans les differens temps.

Celle-ci est pour l'an 400 de l'Ere Chrétienne, lorsque l'Empire Romain étoit encore dans tout son entier, & qu'il n'étoit entamé par aucun endroit, quoique les Barbares y eussent déja fait plusieurs irruptions, & qu'ils en eussent ravagé & dépeuplé beaucoup de Provinces.

J'ai choisi cette Epoque, afin que ceux qui s'appliquent à l'Histoire connoissent mieux les mouvemens des Barbares, qui s'établirent peu de temps après sur les terres de l'Empire ; & j'ai commencé par celle-là, parceque l'irruption des Barbares en 406 & en 407, qui est pour ainsi dire le commencement de la ruine de cet Empire, l'est aussi de toutes les Histoires modernes, & qu'il y a bien des gens qui ne s'interessent pas beaucoup dans une plus haute antiquité.

Quand je dis qu'elle est pour l'an 400, je ne pretens pas qu'elle ne puisse servir que pour cette année-là ; car on y verra les endroits où les choses se sont passées pendant un assez long intervalle de temps, soit avant ou après cette irruption ; mais je veux dire seulement que quelque temps après cette Epoque la face des lieux ayant changé notablement, la scene demandera pour la suite une autre décoration.

La Carte represente non seulement l'état & l'étendue de l'Empire Romain, mais aussi l'état des Barbares, en sorte qu'elle pourroit être divisée en Romanie & en Barbarie, comme c'étoit assez l'usage en ce temps-là de diviser le monde ; mais il y a cette difference dans ces deux grandes parties, que l'on ne verra que le nom des Provinces dans l'étendue de l'Empire Romain, & non celui des Peuples ; & parmi les Barbares, seulement le nom des Peuples & point de Provinces, parceque celles qui y pouvoient être ne me sont point connues.

Presque toute l'Histoire ancienne roule sur les païs qui sont renfermez dans cette Carte ; c'eſt pour cela que je l'ai appellée le Theatre Hiſtorique : neanmoins comme l'on trouve auſſi de temps en temps quelques petites choſes des païs qui n'y ſont pas enfermez, comme de la Scythie, de la Serique, de l'Ethiopie, &c. on a jugé à propos d'y joindre deux petits Hemiſpheres qui repreſentent tout le monde, & qui peuvent ſervir de ſupplément à cette Carte, afin qu'on puiſſe y avoir recours quand on parlera de quelques païs qui ne ſont pas dans l'étendue du Theatre Hiſtorique.

Comme on ne ſçauroit repreſenter tous les changemens qui ſont arrivez dans le monde ſans multiplier les Cartes à l'infini, ou ſans y cauſer beaucoup de confuſion, parceque la grandeur ordinaire des Cartes ne ſçauroit ſouffrir tant de choſes ; pour éviter ces deux inconveniens, on a jugé à propos de publier ces Remarques qui pourront donner quelques petits éclairciſſemens, & ſuppléer aux omiſſions qu'il étoit impoſſible d'éviter ; & l'on eſt perſuadé que ſi on ſe donne la peine de les lire, on aura une connoiſſance raiſonnable de l'état du monde, qui eſt ce que l'on peut ſouhaiter de plus avantageux pour mettre à profit toutes les lectures Hiſtoriques que l'on fait, dont on ne tire pas ſouvent autant d'utilité que l'on pourroit faute de ce ſecours.

L'Empire Romain fut gouverné par une ſeule perſonne juſqu'environ l'an 160 de l'Ere Chrêtienne, que l'Empereur Marc-Aurele aſſocia à l'Empire L. Verus. Depuis ce temps-là les aſſociations ont été frequentes.

Quoiqu'il y ait eu ſouvent deux Empereurs à la fois, & même juſques à trois, neanmoins il ne s'eſt fait pendant longtemps aucun partage des Provinces, & les deux ou les trois Empereurs commandoient également dans toute l'étendue de l'Empire : au moins les choſes ſe faiſoient-elles au nom des deux ou des trois.

Ce ne fut que l'an 304, après l'abdication volontaire de Diocletien & de Maximien, que Conſtance Chlore & Galerius, qui étoient d'une humeur fort differente, partagerent l'Empire pour la premiere fois, Conſtance Chlore ayant eu l'Occident pour ſa part, & Galerius l'Orient.

Après la mort de Conſtance Chlore, il y eut pluſieurs Empereurs & pluſieurs Tyrans à la fois ; mais Conſtantin fils & ſuccesseur de ce Prince, après beaucoup de guerres, réunit dans sa personne tout le corps de l'Empire.

Comme on ne sçauroit expliquer les partages qui ont été faits après lui sans dire un mot de la division & des Provinces de cet Empire, je raporterai ici en peu de mots ce que les Auteurs en ont dit.

Il n'y avoit eu jusques à Constantin qu'un ou deux Prefets du Pretoire, qui étoient les Capitaines des Gardes de l'Empereur, mais qui avoient autorité sur toutes les troupes, & qui entroient presque dans tous les Conseils. Constantin en fit quatre, & de Charges militaires qu'elles étoient auparavant, il en fit des Charges civiles. Il partagea tout l'Empire à ces quatre Prefets, & leurs Détroits furent appellez Prefectures. Le Prefet du Pretoire d'Italie, celui du Pretoire des Gaules, le Prefet du Pretoire d'Illyrie, & celui du Pretoire d'Orient.

Chaque Prefet avoit plusieurs grands Officiers sous lui qui étoient comme ses Lieutenans, & que l'on appelloit pour la plûpart des Vicaires ; & dans chaque Vicariat que l'on nommoit aussi Diocese, il y avoit un grand nombre de Provinces.

Les Provinces en general étoient de quatre sortes, les Proconsulaires qui étoient les plus éminentes, & qui n'étoient que trois dans tout l'Empire ; les Consulaires, qui étoient administrées par des hommes Consulaires ; les Correctoriennes gouvernées par des Correcteurs, & les Presidales qui étoient regies par des Presidens.

Constantin partagea l'Empire à ses trois fils, donnant la Gaule, l'Espagne & la Bretagne au jeune Constantin son fils aîné ; l'Italie, l'Illyrie & l'Afrique à Constant ; la Thrace, l'Asie, la Syrie & l'Egypte à Constance.

Constantin & Constant ne regnerent pas longtemps, & Constance possedа de nouveau tout ce que Constantin son pere avoit possedé ; & après lui Julien l'Apostat & Jovien gouvernerent aussi tout le corps de l'Empire.

Aprés la mort de Jovien Valentinien ayant été fait Empereur, donna à son frere Valens la Prefecture d'Orient, qui avoit été possedée par Constance, & retint pour lui les trois autres Prefectures, qui avoient été le partage de Constant & de Constantin.

Quand Valentinien fut mort, Gratien & le jeune Valentinien ses fils recommencerent le partage entre eux, si bien qu'il y eut alors trois Empereurs comme après Conſtantin, & qui avoient les mêmes partages.

Aprés la mort de ces trois Empereurs, le Grand Theodoſe réunit pour la derniere fois tout le corps de l'Empire, & quand il mourut il le partagea entre ſes deux fils Arcadius qui eut l'Empire d'Orient, & Honorius qui poſſeda celui d'Occident; cela arriva l'an 395 de l'Ere Chrétienne, qui eſt à peu près l'Epoque de cette Carte.

On voit dans la Notice de l'Empire les grandes diviſions & les ſubdiviſions dont on vient de parler, avec les Charges Palatines, Civiles & Militaires de l'Empire; & c'eſt cette diviſion que l'on a ſuivie. Il eſt vrai que ce livre tel que nous l'avons, n'étoit pas encore fait, neanmoins on peut préſumer que l'Empire étoit déja de la ſorte ou à peu près; ce qui ſe voit aſſez par les Auteurs de ces temps-là, par Ammian Marcellin, par Eutrope, Sex. Rufus, &c. & par le ſçavant Commentaire que Pancirole a fait ſur la Notice. Au reſte, on n'a pas jugé à propos de mettre ſur la Carte les noms des Prefectures, ni des Dioceſes ou des Vicariats, de peur que cela ne l'embrouillât, à cauſe que ce ſont de grands titres qui auroient dû brocher ſur une étendue conſiderable de païs: mais ce qui ne ſe trouve pas ſur la Carte, peut être ſuppléé par le diſcours.

EMPIRE D'OCCIDENT.

L'Empire d'Occident, comme il étoit poſſedé par Honorius, comprenoit la Prefecture d'Italie, & la Prefecture des Gaules. Dans la Prefecture d'Italie étoit le Vicariat de la Ville de Rome, celui d'Italie, celui d'Illyrie, & celui d'Afrique. Le Vicaire de la ville de Rome avoit ſous ſa Juriſdiction non ſeulement la ville de Rome, mais auſſi toute l'ancienne Italie, & les Iſles de Sicile, de Sardaigne & de Corſe; le Vicaire d'Italie avoit la Gaule Ciſalpine & la Rhetie. Pour le Vicariat d'Illyrie, il faut remarquer que dans le temps de la Republique l'Illyrie étoit toute ſituée à l'Orient de la Mer Adriatique; que ſous les Empereurs ce nom s'étendit preſque tout le long du Danube, tant du côté de l'Orient, que du côté de l'Occident, comme on peut voir par Strabon, par Appien, par Herodien, par Sex. Rufus, &c. & que dans le partage des deux Empires, une partie de ce grand païs fut de l'Empire d'Orient, & l'autre de l'Empire d'Occident; & c'étoit à cette partie Occidentale que commandoit le Vicaire d'Illyrie. Enfin le Vicaire d'Afrique commandoit à l'Afrique depuis l'Autel des Philenes jusques sur l'Ocean, si ce n'est à la Province Proconsulaire; car le Proconsul Gouverneur de cette Province avoit le pas sur le Vicaire, & ne lui obéïssoit en rien. Les villes Capitales de ces Dioceses étoient Rome, Milan, Sirmium & Carthage.

Dans la Prefecture des Gaules étoit le Vicaire des Gaules, celui d'Espagne, & celui de la Grand'Bretagne. Il y avoit dans les Gaules jusqu'à 17 Provinces, qui s'étoient insensiblement formées, comme l'a bien prouvé M. de Marca, contre ce qu'en avoit cru Scaliger, & M. Sanson après lui, qu'elles devoient toutes leur origine à Auguste. Il y avoit 7 de ces Provinces qui faisoient un corps separé du reste de la Gaule. Je ne sçai pas précisément le temps de cette institution, au moins étoit-elle du temps d'Honorius, qui ordonna qu'on en tiendroit les Etats dans la ville d'Arles. Je croi avec le P. Laccari que ces 7 Provinces étoient la 1ere & la 2e Aquitaine, la Novempopulane, la 1ere & la 2e Narbonnoise, la Viennoise, & les Alpes Maritimes. Les principales villes des Gaules ne sont plus nommées comme elles l'étoient du temps de Cesar par leurs noms propres, mais par les noms des Peuples dont elles étoient les Capitales. Paris n'est plus appellé *Lutetia*, mais *Parisii*; Reims n'est plus nommé *Durocortorum*, mais *Remi*; Sens n'est plus *Agendicum*, mais *Senones*, & ainsi des autres. Tel étoit l'usage de ce temps-là, comme on voit par les Auteurs. Sex. Rufus qui écrivoit environ l'an 370, nomme 6 Provinces en Espagne, la Tarraconoise, la Carthaginoise & la Gallecie, la Lusitanie, la Betique & la Tingitane. Cette derniere est en Afrique, & paroist n'avoir pas toujours été de l'Espagne, puisque par une loi d'Arcadius & d'Honorius de l'an 399, on voit que le Vicaire d'Espagne n'avoit que 5 Provinces. Le Vicaire de la Grand'Bretagne commandoit à 5 Provinces, mais ni la partie Septentrionale de cette Isle, ni l'Hibernie n'ont été de l'Empire Romain.

Les Barbares voisins de l'Empire d'Occident.

Plusieurs Peuples Barbares qui avoient fait beaucoup de bruit du temps d'Auguste ne paroissent presque plus ici; ce n'eſt pas qu'il n'y en eût un aſſez grand nombre qui ſubſiſtoient encore, mais je n'ai pas jugé à propos de les mettre pour donner plus de place à de nouveaux Peuples dont on n'avoit pas encore oui parler, ou au moins que l'on connoiſſoit peu, mais qui ont fait une grande figure dans la ſuite, ſçavoir les François, les Allemans, les Bourguignons, les Saxons, les Pictes, les Ecoſſois, &c. Il y avoit déja quelques-uns de ces Barbares établis ſur les terres de l'Empire, ſans parler de ceux que les Romains avoient dans leurs armées, car ils en avoient de toutes ſortes, auſquels ils donnoient des quartiers le long de la frontiere.

Les Pictes étoient les Peuples les plus Septentrionaux de la Grand'Bretagne, ſçavoir les Caledoniens, les Horeſtes, & quelques autres que l'on appelloit ainſi, parcequ'ils ſe peignoient le corps au raport de Vegece; mais les Ecoſſois étoient étrangers, & venoient d'Hibernie ou Irlande. Comme ni l'un ni l'autre de ces Peuples n'étoit ſoumis aux Romains, ils regardoient les Bretons ſoumis comme leurs ennemis, & ils déſoloient leur païs par de frequentes courſes. Adrien fit élever un rampart dont on voit encore des veſtiges, pour les empêcher d'entrer ſur les terres de l'Empire. Antonin le Pieux en fit un autre plus avant, & Severe un autre encore plus avant, entre les Golfes appellez Glotta & Bodotria; mais rien de tout cela ne put arrêter les ravages de ces pillards.

Les Allemans ont commencé à être connus ſous l'Empire de Caracalla vers l'an 215. C'étoit une Nation compoſée de pluſieurs Peuples, principalement de Sueves, qui avoient chacun leur Roi, & qui habitoient vers les parties ſuperieures du Rhin. Il faut bien ſe donner de garde de prendre en ce temps-là le nom d'Allemagne pour toute la Germanie, comme nous faiſons aujourd'hui; car elle n'en faiſoit alors qu'une petite partie. Conſtance Chlore remporta ſur eux une grande victoire. Julien obligea 4 de leurs Rois à lui demander la paix; Valentinien I. eut beaucoup à démêler avec eux, & Gratien ſon fils mit dans leur païs tout à feu & à ſang.

Pline & Ptolemée parlent des Bourguignons, & ſur ce qu'ils en diſent, on les place communément au-delà de la Riviere d'Elbe. Probus ayant paſſé le Rhin, & s'étant beaucoup avancé dans le païs, vainquit pluſieurs Peuples Germains, parmi leſquels ils ſont nommez. Il n'eſt pas probable qu'ils qu'ils fussent alors au-delà de l'Elbe. Valentinien I. fit aliance avec eux contre les Allemans. Il y a de l'apparence qu'ils habitoient en ce temps-là dans la Hesse vers la Riviere de Saltz, par où ils touchoient aux Allemans ; car ils étoient continuellement en dispute les uns avec les autres pour la possession de certaines Salines qui semblent ne pouvoir être que celles qui sont en cet endroit-là.

Les François étoient, comme les Allemans, une Nation composée de plusieurs Peuples, des Saliens, des Sicambres, des Attuariens, & autres. Chaque Peuple avoit son Roi, & quelquefois plusieurs à la fois. Ce fut environ l'an 250, qu'ils commencerent à se faire connoître. Ils habitoient vers les parties inferieures du Rhin. Sous l'Empire de Gallien, Probus les fut chercher dans leurs marais inaccessibles, qui pourroient bien être la Frise, & les païs voisins, d'autant plus que Procope en parlant du païs des Cauques (qui est l'Ostfrise aujourd'hui) dit qu'il y avoit de grands marais, autrefois habitez par des Germains, qui de son temps étoient appellez François. Le Salland qui fait aujourd'hui partie de l'Owerissel, marque l'habitation des Saliens. Constantin fit bâtir la Forteresse de Duitz vis-à-vis de Cologne (*Divitense munimentum*) sur les terres des François. Enfin, c'est dans ces endroits que la Table Itineraire faite du temps des Romains, & que nous appellons de Peutinger, écrit le nom de *France*. On voit que l'an 358, il y avoit des Saliens audeça du Rhin dans la Toxandrie, & que Julien l'Apostat marcha contre eux; mais on ne voit pas qu'il les ait chassez, & l'on pourroit regarder ces endroits comme le berceau de la Monarchie Françoise.

Ptolemée a mis les Saxons au-delà de l'Elbe dans ce que nous appellons aujourd'hui le Duché d'Holstein. Vers l'an 280, ils commencerent à courir les côtes de la Gaule & de la Grand'Bretagne où ils faisoient de frequentes descentes, ce qui fit que les Romains établirent une Frontiere contre eux, qui fut appellée *Limes Saxonicus*, qui étoit partie en Gaule, & partie dans la Grand'Bretagne, aux environs de ce que nous appellons aujourd'hui le Pas de Calais. Dans la suite du temps, ils passerent l'Elbe, & s'approcherent du Rhin. Paul Orose parlant d'une expedition que l'Empereur Valentinien fit contre eux environ l'an 370, dit qu'ils habitoient dans des marais sur le bord de l'Ocean (*in Oceani littoribus , & paludibus inviis)* ce qui ne sçauroit être le Duché d'Holstein , qui est plein de collines , mais peut-être le Duché de Breme , l'Ostfrise , & quelques païs voisins.

EMPIRE D'ORIENT.

CET Empire, comme il étoit possedé par Arcadius , comprenoit la Préfecture d'Illyrie & celle de l'Orient. Dans la Préfecture d'Illyrie il n'y avoit que deux Dioceses ou deux Vicariats, celui de Dacie & celui de Macedoine. L'ancienne Dacie étoit au-delà du Danube. Trajan la réduisit en Province, & y envoya des Habitans qu'il tira de tous les endroits de l'Empire. Il avoit fait des lignes que l'on voit encore , & que l'on appelle le Rempart de Trajan , pour défendre cette Province contre les courses des Barbares, mais les Barbares ayant enfin prévalu , Aurelien retira de la Dacie les Citoyens Romains, & les logea au midi du Danube , & l'endroit où il les mit fut appellé Dacie , dont la principale ville étoit Scupi. Dans le Vicariat de Macedoine il y avoit plusieurs Provinces, dont les deux premieres étoient l'Achaïe gouvernée par un Proconsul résidant à Corinthe , & la Macedoine dont la Capitale étoit Thessalonique.

Le Prefet du Prétoire d'Orient avoit sous lui les Vicaires de Thrace , de l'Asiane & de la Pontique , le Comte de l'Orient & le Prefet Augustal. Dans la Thrace étoit entr'autres la Province d'Europe & Constantinople , que Constantin avoit égalée à la Ville de Rome , & où il avoit transporté une partie du Senat. Dans l'Asiane étoit la Province d'Asie particulierement prise, gouvernée par un Proconsul, dont la Capitale étoit Ephese. Dans la Pontique étoit la Ville de Cesarée. Le Comte de l'Orient commandoit à la Syrie , à la Phenicie , à la Palestine , toutes divisées en plusieurs Provinces , à cette partie de l'Arabie qui avoit été conquise par Trajan , & que l'on appella d'abord Arabie Petrée & dans la suite 3e Palestine, & à cette partie de la Mesopotamie que l'on appelloit Osroene. La Capitale de tous ces Païs étoit la Ville d'Antioche la seconde de l'Empire, & qui servoit de résidence aux Empereurs, quand ils étoient dans ces quartiers-là *(Domicilium Principum clarum Amm.)* Le Prefet Auguſtal commandoit à l'Egypte & à la Libye, & la Ville d'Alexandrie étoit beaucoup au-deſſus des autres, quoiqu'elle commençât à décheoir.

Les Rois d'Armenie ſubſiſtoient encore en ce temps-là, Vaſſaux des Romains, & par conſequent dans les bornes de leur Empire ; mais bientôt après Arſace III. qui en étoit Roï ayant partagé ſon Royaume à ſes deux fils, quoique fort inégalement, chacun de ces deux Princes donna ſon Etat, l'un aux Romains, & l'autre aux Perſes.

Les Barbares voiſins de l'Empire d'Orient.

Les principaux Barbares voiſins de cet Empire étoient les Goths, les Vandales, les Alains & les Huns ; les Perſes, les Iberiens, les Albanois & les Lazes, les Arabes & les Ethiopiens.

J'ai trouvé de la difficulté à déterminer la place que je devois donner à quelques-uns de ces Peuples, à cauſe qu'ils n'avoient point de demeures fixes, qu'ils étoient dans un mouvement continuel, & qu'on les trouvoit en même temps en differens endroits & dans des interêts differens. Il m'étoit venu dans la penſée de doubler ou de tripler leurs noms, & de les accompagner de diverſes dattes pour faire connoître qu'ils étoient là dans un tel temps & ailleurs dans un autre : mais outre que cette repetition de noms auroit fait de la confuſion, c'eſt qu'avec tout cela, je n'aurois pû mettre tous ces changemens d'habitations, & qu'on ne le ſçauroit faire qu'en faiſant preſque pour chaque Peuple une Carte particuliere, & ce ſont ces changemens arrivez parmi les Barbares autant que ceux qui arrivoient dans l'Empire, qui m'ont engagé à faire ces petites remarques.

Les Goths étoient diviſez en deux principaux Peuples ; des Grotonges qui ont auſſi été appellez Oſtrogots, & des Tervinges que l'on a appellez Viſigots. Les Rois Oſtrogots étoient de la race des Amales, & les Viſigots de la race des Baltes. On prétend qu'ils venoient du païs que nous appellons aujourd'hui Gothie au-delà de la Mer Baltique ; mais quand ils commencerent à ſe faire connoître aux Romains, ils étoient ſur les bords du Danube dans ce que nous appellons aujourd'hui Valaquie & Moldavie. Environ l'an 332, ils entrerent encore dans la Transylvanie, d'où ils chasserent les Vandales. Quelques années aprés Hermanaric que l'on regarde comme l'Alexandre des Gots, soumit tous les Peuples d'au-delà du Danube, les Erules, les Roxolans, les Antes, les Venedes & les Æstres, & commanda, dit Jornandés, à tous les Peuples de Scythie & de Germanie, & c'est ce qui fit l'Empire des Gots.

Jornandés pretend que les Vandales sont sortis de la Scandinavie, aussi-bien que les Gots. Du temps de Pline, ils étoient au midi de la Mer Baltique : apparemment qu'ils n'étoient plus là quand Probus les vainquit. Procope assure qu'ils ont fait quelque séjour vers les Palus Meotides. Sous l'Empire de Constantin, ils habitoient à l'Occident des Gots sur la Riviere de Marise, & autres (c'est en Transylvanie) mais ayant été vaincus par Giberic Roi des Grotonges ou des Ostrogots, ils demanderent des terres à Constantin, qui les logea dans la Pannonie.

Les Huns habitoient originairement au-delà des Palus Meotides, Peuple vagabond & sans maisons, ne sortans presque jamais de dessus leurs chariots où ils vivoient avec leurs femmes & leurs enfans. L'an 376, étant sortis de ce païs-là sous la conduite de leur Roi Balamir, ils se jetterent d'abord sur les Alains, & après qu'ils eurent fortifié leur armée de ceux de cette Nation qui voulurent se joindre à eux, ils allerent attaquer les Gots. Hermanaric Roi des Grotonges se tua lui-même ; Athanaric Roi des Tervinges se retira dans les montagnes, ce qui fut cause que la plûpart de ses Sujets demanderent des terres à l'Empereur Valens ; & depuis ce temps-là, il y eut des Gots au-deça du Danube soumis ou alliez aux Romains, & d'autres au-delà, qui étoient soumis aux Huns.

L'Empire des Parthes qui avoit commencé environ 250 ans avant N. S. finit l'an 226 de l'Ere Chrétienne. Un Persan nommé Artaxerxés ayant fait revolter la Province particuliere de Perse contre Artabane Roi des Parthes, & s'étant mis à la tête des troupes qu'il avoit ramassées, défit Artabane en trois batailles, & l'ayant tué à la troisiéme, éteignit dans ce Prince l'Empire des Parthes qui avoit duré plus de 480 ans.

Artaxerxés ayant donc transporté l'autorité souveraine de la Nation des Parthes à celle des Perses, & ayant fondé le second Empire des Perses ou des Artaxerxides, resolut de conquerir tout ce que Cyrus, Fondateur du premier Empire des Perses, avoit autrefois possedé, traitant d'usurpateurs Alexandre, & tous ses successeurs Macedoniens & Romains. Il ne fit pas de grands progrès, mais Sapor son fils & son successeur ravagea la Mesopotamie, la Syrie, la Cilicie, & autres Provinces de l'Empire Romain, & sans la vigoureuse resistance d'Odenate, Capitaine Romain, qui avoit son quartier à Palmyre, il se fût rendu maître de tout l'Orient; mais ce brave Seigneur ayant été associé à l'Empire par Gallien, lui & l'Imperatrice Zenobie sa femme, arrêterent les progrès de Sapor, reprirent les villes de Carres, de Nisibis & autres, & envoyerent à Gallien plusieurs Satrapes prisonniers, & autres personnes de consideration.

La guerre continua avec violence sous Carus, sous Dioclerien, sous Constance fils de Constantin, & sous Julien l'Apostat; mais ce dernier Prince ayant été tué près de Ctesiphon, l'armée Romaine se trouva dans un tel desordre, & une si grande disette de toutes choses, que Jovien successeur de Julien fut obligé d'abandonner cinq contrées que les Romains possedoient au-delà du Tigre, entr'autres la Corduene, & dans la Mesopotamie la ville de Nisibis, la plus forte place de l'Orient, que les Romains avoient possedée depuis le temps de Lucullus & de Pompée. Ce Traité qui fut fait l'an 363, changea beaucoup la frontiere des deux Empires. Au reste, la Capitale des Artaxerxides fut la ville de Ctesiphon, comme elle l'avoit été des Arsacides; & souvent elle n'étoit pas distinguée de la grande Seleucie, dont elle n'étoit éloignée que d'une lieue, le Tigre entre deux.

L'Iberie, l'Albanie, & la Lazique avoient leurs Rois, qui étoient amis & alliez des Perses, mais non pas leurs vassaux; ce qui fait que je n'ai pas enfermé ces païs dans l'Empire des Perses, parceque des alliez sont sujets à changer de parti, & qu'il faut beaucoup faire de difference entre un allié & un vassal.

Les Arabes, au moins ceux de l'Arabie deserte, étoient divisez en Tribus, & obeïssoient pour la plûpart à de petits Princes que les Grecs appelloient des Phylarques, dont les uns étoient attachez aux Perses, & les autres aux Romains. Il y avoit deux de ces petites Principautez plus renommées que les autres, dont Pocok a fait mention dans son Essai sur l'Histoire des Arabes; il nomme les uns les Rois Gassaniens, &

les autres les Rois de Hira. Les Gaſſaniens habitoient du côté de Palmyre, dont ils ſe ſont dans la ſuite rendus les maîtres, & ils étoient ainſi nommez des Eaux de Gaſſan, qui ſont peut-être les eaux de cette Riviere qui paſſe à Palmyre. Ces Rois portoient ordinairement le nom d'Aretas, & étoient attachez aux Romains. Pour la ville de Hira qui ſervoit de reſidence à l'autre de ces deux Rois, d'Herbelot dit qu'elle étoit dans la Chaldée, que les Rois étoient attachez, & même ſoumis aux Perſes, & qu'ils s'appelloient communément Al Mondar c. a. les deſcendans de Mondar, & par nos Hiſtoriens Alamundarus.

J'aurois ſouhaité que l'Ethiopie ſous l'Egypte eût pû paroître dans le Theatre Hiſtorique, à cauſe de quelque connoiſſance que l'on a de ſon Hiſtoire; mais j'ai été contraint de l'en exclure par la meſure que j'ai donnée à mes Cartes, & que je ne veux pas exceder pour les rendre plus commodes; c'eſt pourquoi il faudra avoir recours au ſupplément Oriental, pour y voir l'Ethiopie ſous l'Egypte. Le principal Peuple de ce païs-là étoit celui des Auxumites, que nous appellons aujourd'hui les Abiſſins. Du temps de Conſtantin, Frumentius y fut envoyé par S. Athanaſe pour y prêcher l'Evangile, & depuis ce temps-là ils ont été Chrétiens. Il eſt vrai que Socrate l. 1. ch. 19, dit que ce fut dans l'Inde Interieure que S. Athanaſe envoya Frumentius; mais c'eſt que ce païs-là étoit auſſi connu ſous le nom d'Inde. *Uſque coloratis Nilus devexus ab Indis.*

Quelques perſonnes ont fait des Cartes à peu près comme celle que je donne au Public, entr'autres Nicolas Sanſon, qui a fait un Empire Romain plus ample & plus accompli que les autres. C'étoit une de ſes Cartes favorites, & avec raiſon, puiſque c'eſt une des plus utiles que l'on puiſſe faire pour ceux qui aiment l'Hiſtoire ancienne. Jean-Jacque Roſſi l'ayant fait graver à Rome, & l'ayant miſe ſous le nom de feu M. l'Abbé Baudrand, M. Sanſon en fit bien du bruit, & traita ledit Abbé de Plagiaire. Comme j'apprehende que l'on ne m'impute auſſi le même crime, je ſuis bien aiſe de faire voir ici que je n'en ſuis point coupable. Il eſt vrai que ce ne ſeront pas les connoiſſeurs qui parleront de la ſorte, parcequ'ils ſçavent bien qu'en general mes Cartes ſont tres differentes de toutes les autres, & que j'aime à travailler ſur les originaux; ce ne ſeront que ceux qui portent leur jugement avec precipitation, par prevention, & ſans examiner les choſes.

Ils diront que les diviſions que j'ai employées ſont les mêmes que celles dont M. Sanſon s'eſt ſervi, & par conſequent que le fond de la Carte eſt de lui, que j'y ai ſeulement ajouté & changé quelque petite choſe, & ſurtout le titre, peut-être pour mieux déguiſer le larcin; & ceux qui voudront paroître les plus équitables, diront que l'on pouvoit aiſément ſe paſſer de cette Carte, & que celle de M. Sanſon étoit plus que ſuffiſante, d'autant mieux que dans la ſienne les païs ſont un peu plus étendus, ce qui eſt un avantage conſiderable.

1. Je conviens d'abord que le changement de titre ne juſtifie point un Plagiaire, auſſi n'eſt-ce pas pour déguiſer aucun vol que je ne me ſuis pas ſervi de celui dont s'eſt ſervi M. Sanſon. Ma Carte qui repreſente beaucoup plus que l'Empire Romain, demandoit un autre titre; & comme je ſuis dans la volonté de donner une ſuite de ces Cartes, j'ai cherché un titre qui pût leur convenir à toutes.

2. Je conviens encore que les diviſions & les ſubdiviſions de l'Empire Romain ſont abſolument les mêmes, mais combien a-t-on fait de Cartes de France, d'Allemagne, d'Italie, d'Eſpagne, & d'autres païs, dont les diviſions ſont les mêmes, & qui ſont neanmoins fort differentes entr'elles? D'ailleurs, on ne peut pas donner une autre diviſion de l'Empire Romain pour ces temps-là, puiſque celle-là ſe trouve expreſſe dans les Auteurs du temps. Le P. Briet l'a fait ainſi, & tous ceux qui travailleront ſur la même matiere ſe trouveront dans la même neceſſité. Pour la figure & les bornes des Provinces, comme on n'a rien trouvé dans l'Hiſtoire Civile qui les pût fixer, on a été obligé d'avoir recours aux Notices Eccleſiaſtiques, & l'on trouvera ici de la difference dans nos deux Cartes. Les diviſions ne ſeront pas les mêmes dans les autres Cartes.

3. M. Sanſon n'a eu en vûe que l'Empire des Romains, & a negligé les Barbares; pour moi je me ſuis cru obligé de leur donner une partie de mes ſoins, dans la vûe d'être le plus utile qu'il me ſeroit poſſible à ceux qui liſent l'Hiſtoire. On ſçait aſſez ce que les Barbares ont fait ſur les Terres de l'Empire, quand une fois ils y ont été établis; mais tout le monde ne ſçait pas où ils étoient auparavant, & pluſieurs perſonnes me l'ont ſouvent demandé. J'ai marqué leur habitation autant bien qu'il m'a été poſſible, afin qu'on vît mieux le chemin

qu'ils ont fait. J'ai aussi marqué l'habitation des Pictes & des Ecossois, & les bornes de la Germanie & de la Sarmatie. Je n'ai pas fait de la Scandinavie un païs different de la Germanie, ni employé le nom de Germano-Sarmatie que je n'ai pas trouvé chez les Anciens.

4. M. Sanson n'a poussé sa Carte que jusqu'à la moitié de la Perse, & j'ai poussé la mienne jusqu'au Gange, parceque nos Histoires s'étendent jusques-là. J'ai même beaucoup travaillé sur ces païs Orientaux, qui sont tres differens de ceux de M. Sanson, parcequ'ils sont d'une tres grande consequence pour l'Histoire des anciennes Monarchies ; & afin qu'il ne manquât rien à l'étendue de ma Carte, j'ai fait paroître tout le monde par le moyen des deux petits supplémens que j'y ai ajouté, persuadé que cette invention ne déplaira pas aux Curieux.

5. J'ai fait certaines petites remarques sur ma Carte qui ne sont pas sur celle de M. Sanson, Que ce Goimon qui se trouve dans la Mer Atlantique n'a pas été inconnu aux Anciens, Qu'un Officier Romain s'étoit avancé jusqu'au Niger, Que la Phazanie que nous appellons aujourd'hui le Fezan, avoit été soumise par les Romains, &c.

6. Mais ce qui prouve clairement que je n'ai pas travaillé en second, est la diversité de mon Plan, qui est tout different de celui de M. Sanson, & chacun sçait que c'est le Plan qui fait l'essentiel d'une Carte Geographique. Il n'y a rien de semblable dans les Longitudes, & il y a aussi beaucoup de Latitudes qui sont aussi differentes, les Païs, les Mers, le cours des Rivieres ont changé de figure ; que l'on confronte surtout l'Illyrie, la Grece, l'Archipel, l'Asie Mineure, & le reste de l'Orient. Les mesures sont aussi differentes, mon échelle est plus grande d'une cinquiéme partie que la sienne, & cependant les Païs en general y sont plus petits que dans sa Carte ; j'en suis fâché, mais les observations & les mesures exactes contraignent à cela, & d'un autre côté les Païs y paroissent dans la juste proportion qu'ils doivent avoir les uns aux autres, ce qui est un des principaux avantages des bonnes Cartes.

www.ingramcontent.com/pod-product-compliance
Ingram Content Group UK Ltd.
Pitfield, Milton Keynes, MK11 3LW, UK
UKHW020233200726
13856UKWH00004B/1744

9 782011 905307